Alma et la potion mc

À la petite fée Danaé, qui prépare des potions dans sa cour avec ses sœurs Noélia, Amaury et Tadéane.

Auteure : Diane Groulx
Illustrateur : Jean Morin

Boomerang
Éditeur jeunesse

— Alma, peux-tu aller me chercher de l'eau fraîche au puits ?

La petite chevalière est insultée. Comment sa mère ose-t-elle lui demander une chose pareille, elle qui a combattu un dragon, sauvé un prince et est revenue saine et sauve du Val sans retour ? Alma triche.

Au lieu d'aller au puits, elle puise l'eau à la rivière, c'est moins loin.

Sa *mère* est un peu surprise de la voir revenir aussi vite. *Alma* se mord les lèvres pour ne pas lui mentir.

Elle détourne la *tête* pour ne pas que sa *mère* voie ses *joues* prendre une teinte rosée. La mère d'*Alma* se sert un grand *verre d'eau* et l'avale d'une traite. Quelques instants plus tard, elle se tord de douleur.

De grosses *crampes* au *ventre* la forcent à s'étendre.

Alma est catastrophée. À cause de sa paresse, elle a rendu sa *mère* malade.

Il ne lui reste qu' *une* chose à faire.

Elle ne prend pas le temps de revêtir son *armure* et quitte précipitamment la *maison* en direction de la *forêt*.

Il faut qu'elle se dépêche si elle veut soulager sa *mère*.

La druidesse est justement en train de concocter une de ses fameuses potions. Alma, honteuse, lui explique la situation. La druidesse la rassure.

— Je connais une décoction pour guérir ta mère, mais il va me falloir le nectar d'une plante très rare que tu trouveras au sommet de la montagne interdite. Tu la reconnaîtras facilement, elle a de minuscules pétales blancs en forme de clochettes et de petits pistils très jaunes.

 *Alma* ne perd pas un instant et  *court* jusqu'à perdre haleine. Par chance, la  *montagne interdite* semble endormie et ne crache ni  *fumée* ni  *feu*. Elle escalade un de ses  *versants* et se retrouve vite au  *sommet*. Elle reprend son souffle et scrute les alentours. Elle voit plusieurs  *fleurs*, mais aucune comme celle décrite par la  *druidesse*.

 *Alma* ne perd pas courage. Si seulement

elle pouvait survoler le  *cratère* pour

avoir une vue d'ensemble du site…

Un  *pygargue* passe au-dessus de sa  *tête*.

 *Alma* lui fait de grands signes de la  *main*.

Intrigué, il vient se poser sur une  *branche*.

Il écoute attentivement  *Alma* et accepte

de l'aider.

Grâce à sa vue perçante, il trouve rapidement la fleur qu'Alma cherchait.

Alma le remercie et retourne chez la druidesse en faisant du plus vite qu'elle peut.

La druidesse lui apprend :

— Pour faire ma potion, il me faudrait aussi les racines d'une plante…

Alma soupire et reprend la direction de la forêt.

Elle trouve facilement le vieux  *hêtre* centenaire que la  *druidesse* lui a décrit. À ses pieds, elle découvre une petite  *plante* robuste. Elle tire pour l'arracher du  *sol*, mais n'y arrive pas. Elle  *s'assoit* pour réfléchir. Au loin, un  *sanglier* débusque des  *truffes* sous un  *chêne* à l'aide de son  *groin*. Ça lui donne une idée.

Alma tente de convaincre le sanglier de déterrer la plante dont elle a besoin, mais il refuse. Seuls les champignons l'intéressent. Alma regrette de ne pas avoir son épée avec elle. Elle aurait pu s'en servir pour dégager la plante. Au moment où elle allait perdre espoir, une licorne apparaît.

Avec sa longue *corne* torsadée, la *licorne*

accepte de déterrer les *racines* de la *plante*.

Alma la remercie et s'empresse d'aller

retrouver la *druidesse*, qui met la touche

finale à sa *potion*. La femme la transvide

dans un petit *flacon* de verre qu'elle remet

à *Alma*.

— Fais boire cette décoction à ta *mère*

et elle guérira aussitôt.

Alma revient à la maison complètement exténuée. Elle fige en voyant sa mère debout, vaquer à ses occupations.

Sa mère va bien, mais s'inquiète de la drôle de mine de sa fille. Elle lui sert un bol de soupe qu'elle a préparée avec l'eau qu'Alma a rapportée de la rivière.

Avant d'en prendre une cuillérée, Alma avale elle-même tout le contenu du petit flacon !

Et toi, t'est-il déjà arrivé de vouloir cacher la vérité ?

Boomerang Éditeur jeunesse

Gouvernement du Québec – Programme de crédit d'impôt pour l'édition de livres – Gestion SODEC

Boomerang éditeur jeunesse remercie la SODEC pour l'aide accordée à son programme éditorial.

Nous reconnaissons l'aide financière du gouvernement du Canada par l'entremise du Programme d'aide au développement de l'industrie de l'édition (PADIÉ) pour nos activités d'édition.

Dépôt légal – Bibliothèque et Archives nationales du Québec, 3e trimestre 2008

Imprimé au Canada • ISBN 978-2-89595-326-5